Bibliografische Information der Deutschen Nationalbibliothek:

Die Deutsche Nationalbibliothek verzeichnet diese Publikation in der Deutschen Nationalbibliografie.

Detaillierte bibliografische Daten sind im Internet über http://dnb.d-nb.de abrufbar.

Copyright : April 2022 - **Wolfgang Pein**

Herstellung und Verlag:

BoD – Books on Demand,

Norderstedt, Germany

ISBN: 9783756200283

Wolfgang Pein

Helga Bredenbrücher

Schottland –

einmal ist nicht genug!

Untertitel:

Urlaub für alle Sinne

... ein paar Worte vorab:

Seit vielen Jahren stehen die Nordischen Länder bei uns als Reiseziel ganz oben auf der Wunschliste.

Und nicht ein einziges Mal wurden wir enttäuscht, sei es bei den Reisezielen Norwegen, Schottland oder Irland.   Immer waren es einfach Traumziele.

Das heißt allerdings nicht, dass wir nicht auch weitere Ziele lohnenswert finden, denn auf mehreren Dreitausendern in der Schweiz und im Südtirol   (z.B. „Muttler" und „Hintere Schöntauf Spitze") waren wir auch schon.

Aber wir sind nun einmal keine „Strand-Leute" u n d zu warme Gegenden sind nichts für uns.

Sie sehen, diese oben benannten kühleren Länder sprechen uns am meisten an, so sehr, dass wir uns in Norwegen auf einem Schiff im schönen Geiranger-Fjord „spontan" verlobt haben.

Also – wir laden auch sie herzlichst dazu ein, Schottland kennen zu lernen. Eigentlich gibt es ja doch nur zweierlei Menschen: Schottland-Fans **oder** solche, die es „irgendwann" einmal werden.

Folgen sie uns somit hier auf eine unserer Reisen.

Und weil diese hier schon etwas länger her ist, **erkundigen sie sich bitte vorab**, welche B & B`s zum Beispiel auch noch aktuell so vorzufinden sind, ob es noch alle Pubs und Restaurants gibt – wie die örtlichen und Einreiseregeln – auch auf den Fähren oder Flughäfen gelten – , vor allem nach diesen traurigen und immer noch andauernden Corona-Jahren, aber mit viel Hunger auf Neues und Schönes.

Die Sehenswürdigkeiten dürfen da wohl eher keine Schwierigkeiten bereiten, denn einige sind schon seit Ewigkeiten da und **warten** immer noch voller Geduld **genau auf sie** !

... auf geht's !

Vor jedem Schottland-Besuch steht die Anreise, sofern man nicht nach einem wunderschönen Urlaub dort gleich „hängen geblieben" ist.

Wer nicht schon eine unserer anderen Reise-Beschreibungen kennt, dem sei hier gesagt, die meisten Schottland-Besucher reisen wohl mit dem Flieger an. Wie aus sehr vielen Gesprächen hervor geht, handelt es sich dabei zumeist nicht um sehr lange Urlaube, sondern es sind viele Kurz-Schottland-Besucher dabei.

Ok – die Anreise ist zügig, viel Gepäck braucht man für Kurzurlaube nicht - und auch eine Hürde, das Linksfahrgebot, fällt für den gewohnten „Rechtsfahrer" bei begleiteten Reisen weg.

Wir sind meist vier Wochen unterwegs, haben für alle Wetterspezialitäten genügend Ausrüstung dabei und brauchen die Bergschuhe nicht schon im Flugzeug zu tragen. Wie man schon ahnt, wir fahren immer mit dem eigenen Wagen, den man so schön Zuhause beladen kann, ohne auf ein Teil mehr achten zu müssen. Also kommen wir ohne eine Fähre nicht aus, die in Ijmuiden / hinter Amsterdam schon wartet.

Ohne Probleme gelangen wir zum Ankerplatz und haben noch Zeit für einen kleinen Imbiss, bevor uns das Zeichen gegeben wird, an Bord zu fahren.

Das kann dort eng werden, wie wir aus Erfahrung wissen, aber die Parkeinweiser haben alles im Griff. Allerdings haben wir uns angewöhnt direkt v o r der Einschiffung insoweit umzusteigen, dass die Beifahrerin dann hinter dem Fahrer sitzt.

Wir haben beobachtet, dass es so eng sein kann, dass man sonst zur Fahrerseite hinüber-klettern muss, um aussteigen zu können – kommt auf das Schiff an. Aber meist haben die Einweiser im Blick, wer wo im Auto sitzt und wo dann auch genug Platz zum Ausstieg für alle ist.

Unseren beiden Schafen, dem Iren „Bunglass" und dem Schotten „McGregor" ist das egal. Sie brauchen nicht viel Platz und haben auch nicht vor, den Wagen vor der Ankunft in Newcastle zu verlassen.

Die beiden sind von Anfang an der Irland- und Schottland-Reisen dabei und füllen mit ihren Erlebnissen schon einige Schaf-Bücher.

Erstes Ziel: Newcastle/England

Alle Prozeduren kennen wir ja bereits und finden auch sofort unsere Zweierkabine. Allerdings wundern wir uns ein wenig, dass wir jetzt im 4. Stock des Schiffes sind, wo wir ansonsten – sei es beim Irland- oder Schottland-Besuch - immer Kabinen im 8. oder 9. Stock bekamen.

Na ja, was dafür neu ist, dass wir keine Kabine ganz vorne haben. Auch gut – hier in der Schiffmitte geht es bei hohem Seegang auch nicht so toll rauf und runter, wie ganz vorne oder hinten. Da haben wir schon so einiges erlebt, z.B. als wir einige Zeit nach dem Auslaufen aus Irland in die Ausläufer eines Hurrikans gerieten, der zum Glück sich am wildesten auf dem Atlantik austobte. Für uns als nicht so ganz seefeste Passagiere war es aber immer noch ziemlich schlimm genug.

Nein – wir wollen nicht gleich am ersten Tag der Reise geizig werden, aber mit dieser Erfahrung suchen wir kein Restaurant auf und essen einfach nur eine Kleinigkeit - etwas Mitgebrachtes von Zuhause, was unsere Mägen nicht strapaziert.

Das obligatorische „Pint of Guinness" muss zum Nachspülen sein oder vielleicht waren es zwei?

Unsere Vorsicht war heute unbegründet, denn das Schiff liegt sehr ruhig – eigentlich zu ruhig, aber etwas laut. Selbst im Cafe im 6. Stock rütteln die Sitze etwas, was wir sonst eigentlich nicht kennen. Aber vom gleichmäßigen Brummen des Diesels schlafen wir schließlich gut ein.

Die See blieb über Nacht sehr ruhig. Wie ruhig das war und woran das lag, erfahren wir am nächsten Morgen!

Das Schiff hatte einen Maschinenausfall und lag eine Stunde in der Gott sei Dank ruhigen See. Mit dem Hilfsaggregat konnten die Maschinen wieder in Gang gebracht werden. Ausdenken wollen wir uns lieber nicht, was bei stürmischer See wohl gewesen wäre, ist ein Schiff dann ohne Antrieb den Launen des Meeres ausgeliefert.

Friedlich und mit ganz vielen anderen freudigen Passagieren legt unser Schiff pünktlich in Newcastle an, weil es einen erheblichen Zahn nach der Panne zugelegt hatte. Zumindest haben wir jetzt wieder festen Boden unter den Füßen oder Rädern. England ist schon mal geschafft.

Tagesziel: Pitlochry / Schottland

Es geht nordwärts. Wir durchfahren eine schöne und hügelige Landschaft und unser Tagesziel liegt ungefähr 1 ½ Stunden hinter Edinburgh.

Schottland wird nach der Fähre schon nach ca. 90 Km erreicht, wie die Fahne am Masten zeigt und eine Grenze ansonsten nicht erkennbar ist.

Heute haben wir uns die längste Strecke des Urlaubs vorgenommen, aber es bieten sich in diesem schönen Land doch immer wieder Unterbrechungen an. Und die erste davon bietet sich schon noch v o r Edinburgh an.

Den Tipp für dieses Zwischenziel haben wir von unseren Freunden Silvia und Matthias aus Moers" – auch langjährige Schottland-Fans – erhalten. Also führt uns der Weg jetzt nach Rosslyn, um dort die „Rosslyn-Chapel" zu besuchen.

Diese sehr alte Kirche ist wunderschön und hat eine tolle Ausstrahlung. Im Inneren ist jede Säule „anders". So viele Variationen sieht man wohl selten oder gibt es die eigentlich sonst wo?

Das dortige Cafe lädt uns zu einer leckeren Stärkung ein - mit Cappuccinos und Scones.

Pause muss sein, auch für unsere Schafe!

Die weitere Fahrt ist nun mit etwas größerer Konzentration zu bewerkstelligen. Es ist nicht nur der Links-Verkehr, wir sind jetzt auf der Umfahrung von Edinburgh. Es ist aber nicht so eine Umfahrung, wie wir sie vielleicht von Zuhause aus kennen – es sind Autobahnen, an die sich ein Erstbesucher gewöhnen muss.

Und auf der Navi-Karte sieht es kompliziert aus, den Weg zur „Forth Road Bridge" zu finden, die die Meerenge bei Edinburgh überspannt, übrigens neben der berühmten roten Eisenbahn-Brücke. Aber keine Sorge – auch wir hatten es damals beim ersten Mal auf Anhieb geschafft.

Dann liegt Pitlochry vor uns. Wir haben uns viel Zeit gelassen, nicht nur in Rosslyn. Aber es ist immer noch erst später Nachmittag.

Im „Claymore Guest House" (4 Sterne) werden wir – wie immer – sehr sehr freundlich begrüßt. Man spricht sich überall sofort mit dem Vornamen an, sowohl in Schottland als auch in Irland.

Wir haben dieses Mal das Zimmer Nr. 4. Es ist so riesig, dass wir dort Federball spielen könnten - und natürlich ist auch das Bad toll.

Unsere Gastgeber haben uns auf unseren Wunsch hin vorab einen Abendtisch „reserviert".

Dies können wir nur empfehlen, denn auch junge Leute dort gehen zu einer für uns in der Heimat ungewohnten frühen Zeit gerne essen. Es könnte sonst passieren, dass man nicht das Restaurant bekommt, wo man ja eigentlich hin möchte. Allerdings – mit Wartezeit an den Theken kann man mit einem Glas Wein oder einem Pint of Guinness auch überleben, bis ein Tisch frei wird.

Wir essen also im „Old Smiddy-Inn", nur drei Gehminuten vom Claymore entfernt. Für uns gibt es „Fish and Chips" und „Pork mit Gemüse und Chips". Zum Fisch sei gesagt, der Unterschied von einer Bude und einem guten Restaurant ist gewaltig! Hier gibt es kein Drittel Hülle und ein Drittel Luft, aufgefüllt mit einem Drittel Fisch. Hier ist der Fisch selbst riesengroß, lecker, hat nur eine dünne Hülle und man schmeckt, dass das Öl auch frisch ist. Und – Fish and Chips gibt es gar nicht überall, wie man meinen könnte, längst nicht jede Karte hat dies im Angebot. Und nicht vergessen – wir sind in Schottland, nicht in England. Verdächtigen sie ja keinen Schotten als Engländer – dringende Empfehlung. Nach dem Abendessen ist ein erster kurzer Erkundungsgang im Ort angesagt. Pitlochry ist ein Luftkurort mit einer netten kleinen Geschäftsmeile und vielen kleinen Geschäften.

Wir sind wohl am richtigen Tag angekommen. Denn es spielt auf der nahegelegenen Wiese eine „Pipes and Drums Band". Wir lieben diese Musik, die hier „draußen" natürlich ganz anders klingt, als in einem Saal, wo sie für die meisten sicherlich etwas gewöhnungsbedürftig ist.

Mit den Musikern marschieren wir zusammen auf die Wiese – die Stimmung dabei ist irgendwie fast zum Tränen-Fließen. Außer den Musikstücken führen hübsche Mädchen noch traditionelle Tanzeinlagen vor.

Was will man mehr

am ersten Tag in Schottland!

Tag zwei in Schottland

In jedem B & B haben wir super geschlafen, weil überall die Betten auch danach waren. Der Duft eines richtigen Schottenfrühstücks lockt uns aber jetzt in den wunderschönen und licht-durchfluteten Frühstücksraum.

„Scrambled Eggs" (Rühreier), Black Pudding, Schinken und gebratene Pilze liegen dekorativ auf Wolfgangs Teller, Helga genießt ihr „Rührei mit Lachs".

Wir haben alle Zeit der Welt. Der Himmel ist freundlich. Ein erneuter Rundgang ist angesagt, dieses Mal auch ein wenig stöbern in den Geschäften. Und was tut uns ein wenig Mittag-Schlaf danach richtig gut.

Am frühen Nachmittag fahren wir zum nahe gelegenen „Blair Castle". Von innen kennen wir das schon, aber den wunderschönen Garten nehmen wir uns gerne noch einmal vor. Die dortigen Enten scheinen schon auf uns zu warten – anscheinend verstehen sie uns sogar. Denn kaum hat Helga ein erstes „Quack" von sich gegeben, da marschiert schon eine ganze Reihe direkt auf uns zu.

Leider müssen wir diese Enten enttäuschen, Futter haben wir nicht dabei.

Aber einen Denkanstoß haben sie uns gegeben, nämlich, dass auch wir wieder etwas vertragen können. Schnurstracks landen wir im Schloss-Cafe und lassen uns von der reichlichen Auswahl an Scones in den verschiedensten Richtungen verführen – natürlich mit Cappuccinos.

Auf dem Rückweg nach Pitlochry schauen wir noch in einer in der Nähe gelegenen Whisky-Destille vorbei. Die „Edradoure" ist die kleinste und höchst gelegene Destille in Schottland.

Wie wir später erfahren, gibt es auch einen normalen und breiteren Fahrweg dort hin, aber wir "müssen" uns ja immer etwas aussuchen, was nicht so ganz touristisch als Autobahn zu erreichen ist. Also – der Weg nach dort über einen Berg ist nichts für Zaghafte. Wahrscheinlich fährt hier außer Landwirten pp. sonst keiner zur Destille. Aber weg und getreu dem Motto „immer weg von den großen Hauptstraßen und Touristen" sind wir jetzt nun einmal hier unterwegs. Gegenverkehr können wir hier aber wirklich nicht gebrauchen, denn hier gibt es keinen „Passing Place", also einen Ausweichplatz wie auf Seite 14.

Zum Glück kommen wir bis zur Destille durch – ohne rückwärts zurück setzen zu müssen.

Vor der Destille steht zur Begrüßung natürlich ein echter Schotte mit Kilt, der etwas verwundert schaut, aus welcher Richtung wir denn kommen. Unser Schaf McGregor schaut aus unserem Rucksack und sofort kommen wir ins Gespräch, was es denn mit den beiden Schafen auf sich hat.

Wir erklären, dass McGregor uns noch einmal seine schottischen Highlands zeigen will und dass dazu auch eine Destille gehört.

Wie auch hier so wurden wir schon oft gefragt, wo man dieses Schaf kaufen kann. Nirgendwo ist das der Fall, denn McGregor und Bunglass sind einfach einmalig.

In der „Edradoure"-Destille ist eine Ausstellung über verschiedene Whisky-Sorten. Da sind Flaschen mit einem Preis von umgerechnet 1350,- Euro dabei.

Wir verabschieden uns und verteilen noch einen Flyer zu unseren Englisch-Schaf-Büchern. Auch McGregor wurde beim Anblick des teuren Whiskys nicht schwach und wollte wieder mit uns nach Hause.

Wie doch die Zeit vergeht. Zurück im „Claymore" noch schnell frisch gemacht und ab geht es zum Abendessen – natürlich auch lieber wieder mit Tisch-Bestellung.

Das „The Mill Inn" ist heute dran, das wir schon von anderen Urlauben her kennen. Da gibt es leckere „Pork- und Lamm-Gerichte" für uns und zwei Guinness vom Fass dürfen auch nicht fehlen.

Für den nächsten Abend bestellen wir unseren Tisch gleich noch einmal – beim deutsch-sprachigen Kellner, dessen Vater aus dem Schwarzwald kommt. Der nette Kellner freut sich, dass er wieder mal Deutsch sprechen und aufbessern kann, so wie wir unser Englisch.

Als Nachbetrachtung des Tages ziehen wir auch heute wieder – wie eigentlich immer – eine positive Bilanz. Das Wetter meinte es ebenfalls wieder gut mit uns. Sonne, Wolken und zwei ganz kurze Regenschauer wechselten sich ab.

Einen Schirm brauchten wir aber nicht aufzuspannen – sollte man aber dabei haben. Unsere Regenjacken haben wir auch den ganzen Urlaub lang nicht einmal aus dem Auto geholt. Nicht umsonst sagt man in Schottland „Wenn dich der Regen stört, dann warte einfach 5 Minuten".

nach Norden - Richtung Inverness

Um kurz nach 10 h am Morgen verabschieden wir uns vom „Claymore House". Unsere Richtung ist heute nördlich und Inverness unser Tagesziel, was nur einer sehr kurzen Fahrtzeit entspricht.

… damit ist immer zu rechnen!

Aber auf der Fahrt zu unserem nächsten B & B haben wir noch so einiges vor und müssen immer wieder anhalten, nicht nur wegen der Schafe, die McGregor immer wieder lautstark begrüßt.

Auch die Augen verlangen immer wieder diese Stopps, die Anblicke aufsaugen und die wir noch heute vor uns sehen, selbst wenn wir die Augen schließen.

Einen kleinen Umweg wollen wir auch noch fahren und das machen wir dann auch. „Culloden-Battlefield" – nicht weit von Inverness – besuchen wir noch einmal. Es ist eine tragische Stelle, wo eine entsetzliche Schlacht zwischen Highländern und Engländern stattfand.

Irgendwie ist es tragisch – wie vor zwei Jahren beginnt es hier auf dem Schlachtfeld zu regnen, nicht viel, aber auf dem großen freien Feld zu wandern ist jetzt nicht so gut, zumal unser Schirm im Auto liegt. Wer weiß, vielleicht erwischt es uns doch einmal, dass wir pitschnass werden. So fahren wir weiter nach Dornoch und parken beim B & B „The Bank House". Es ist dort noch niemand Zuhause, aber es ist auch noch ziemlich früh, wahrscheinlich rechnet man noch nicht mit Gästen. Im Hotel gegenüber nehmen wir erst einmal einen Imbiss zu uns – „Soup of the day".

Wolfgang fragt vor der Bestellung immer, ob da auch kein Huhn drin ist, das geht gar nicht. Fast immer ist es aber eine Gemüsesuppe.

Und dann sind auch schon unsere Gastgeber erreichbar. The Bank House ist ein älteres Haus und beherbergte früher – wie der Name schon sagt – eine Bank. Die Zimmer sind groß, die Decken hoch, unser Bad hat einen Whirlpool.

Am Abend besuchen wir das „Castle Hotel" hier am Ort – nur etwa dreihundert Meter entfernt. Im Castle ist ein sehr schönes Restaurant. Wir haben Glück, dass wir ohne Reservierung noch einen Tisch bekommen. Essen und Service sind toll und preislich nicht abgehoben, wie man es bei einem Castle schon annehmen könnte. Sieht man mal davon ab, dass in Schottland alles ungefähr 1 ½ mal so teuer ist wie bei uns.

In der anschließenden Hotelbar gibt es noch Absacker mit „Pints of Guinness". Wir erfahren, dass das Castle von Kennern und in einschlägigen Büchern als sehr gutes „Whisky-Castle" geführt wird. Davon zeugen auch die vielen Flaschen verschiedenster Marken – eben nur sehr gute schottische Single-Malts.

An einer Seite der Flaschenschränke angefangen steht eine preislich ausgezeichnete Flasche mit dem Vermerk „100 Pfund".

Wenn man weiter nachschaut, dann gehen die Preise bis auf 8 Pfund runter. Das kann dann nicht mehr der Preis für die Flasche sein, wie auch an einer 28 Pfund-Flasche zu merken ist, wenn man den Preis kennt.

Nein – der Preis entspricht nämlich jeweils „einem Glas" Single-Malt. Krass – nicht wahr?

Also – einer musste es aber sein. Aber für den Rest des Urlaubs brauchen wir dann doch noch etwas Reserve für unsere Reisekasse.

Dunrobin Castle

Hier im „The Bank House" ist der Frühstücksraum für alle da. Es gibt einen großen Tisch, an dem das eben gemeinsam eingenommen wird. Gespräche dabei gibt es in verschiedenen Sprachen. Zurzeit sind außer uns noch Gäste aus England, Kanada und den Philippinen da. Die englische Sprache vereint uns aber alle. Und natürlich sitzt auch „McGregor" mit am Tisch, von vielen Kameras begutachtet.

Das war doch schon wieder ein guter Start in den Tag. Heute fahren wir Richtung Norden zum „Dunrobin-Castle". Das ist ein sehr schönes Schloss mit großem Garten. Dort gibt es auch eine Vogel-Station mit Eulen, Falken, Habichte und einem Adler, der besonders beeindruckt, wenn er dicht über die Köpfe der Besucher düst, dass man noch den Zugwind spürt. Wir kommen zur rechten Zeit, um diese Falkner-Show zu sehen.

Übrigens – zum Schloss gehört auch noch ein weiteres Gebäude, das ein Museum beheimatet, sollte man dann unbedingt auch besuchen!

Dort können so ungefähr alle Tiere der Welt bestaunt werden, natürlich nur als Trophäen. Aber man ist z. B. Auge in Auge mit einem Krokodil, was einen schon beeindruckt, wenn man dazu auch noch Fantasie hat.

Und weiter geht dieser Tagesausflug immer an der Küste lang nach Norden – bis Helmsdale. Eine kurze Rast mit Blick auf den niedlichen kleinen Hafen, dann gibt es erst mal leckeren Kaffee in einem kleinen Cafe – mit Scones.

Auf der Rückfahrt nach Dornoch müssen wir unterwegs doch glatt die Wischer einschalten. Eigentlich regnet es ja gar nicht, aber es ist sehr windig und vom Meer her wird der „Seamist" weit ins Inland getragen.

Am Abend geht's zu „Luigi". Das ist ein Italiener – nur wenige Meter vom B & B entfernt. Unsere Gastgeber haben uns dort einen Tisch reserviert, ansonsten hätte das so schnell nicht geklappt. Wenn man 3 Wochen lang „schottisch" isst, kann man auch mal wieder was „italienisches" vertragen. „Luigi" ist ein Nobel-Italiener, da ist Wolfgang gespannt, ob auch er etwas findet, was er essen kann, denn vieles fällt bei ihm aus. Es klappt! Für Helga gibt es Heilbutt auf Risotto und für Wolfgang Rip-Eye-Steak – aber well done.

Das war eine sehr gute Idee. Wir bekommen satt Zeit - man ist dort sehr relaxt.

Und so gibt es zum Schluss noch ein leckeres schottisches Bier – „Dragonheart".

Da wir Zeit bekommen, da regt unser Bier wohl noch einmal unseren Appetit an. Wir liebäugeln mit einem Nachtisch, obwohl das eigentlich nicht mehr nötig wäre.

Aber – wir gönnen uns noch eine sehr leckere Käseplatte mit verschiedensten Sorten aus Schottland. Und irgendwie spielt dieser eigentlich nicht mehr nötige Käse wie bei allen Schottland-Urlauben auch heute schon wieder eine große Rolle. Man gönnt sich ja sonst nichts.

Ziemlich müde fallen wir ins die Betten – wieder mal ein richtig schöner Tag.

ein Missverständnis ?

Der heutige Ausflug soll zum „Loch Shine" führen. Allerdings ist es dort nicht so, wie wir es uns vorgestellt haben. An den See kommt man kaum heran. Da es auch noch stürmisch wird, ändern wir unseren Plan.

Am Abend im Castle-Hotel hatten uns andere Gäste gesagt, dass das Städtchen „Tain" nett sein soll. Ein Imbiss ist zunächst angesagt, erst einmal wieder Cappuccinos und Scones. Bei einem Bummel danach stellen wir aber fest, dass es gar nicht so nett ist, wie man uns sagte.

Überall sind Schüler, als ob der Ort vollgestopft davon ist. Die meisten von ihnen – meinen wir jedenfalls – stopfen Fast Food in sich hinein. Das allein sollte uns ja nicht stören, aber man kann kaum gehen, da überall wohl dazugehörige Soße auf allen Bürgersteigen verteilt war. So musste man schon aufpassen - wo man geht.

Wieder im B & B klärte sich auf, dass es sich um ein Missverständnis handelt, um einen Hörfehler. Bei dem „schönen" Ort soll es sich um „Stein" handeln. Der ist aber auf der „Isle of Sky". Na gut, da kommen wir ja auch noch hin.

Zurück in Dornoch besuchen wir die dortige Kathedrale. Normal versteht man darunter wohl ein gewaltiges Bauwerk. Diese „Kathedrale" hier ist eher eine normale Kirche – von außen jedenfalls.

Wir staunen nicht schlecht, als wir hinein gehen. Das hatten wir so nicht erwartet. Die „Kathedrale" ist innen wunderschön – sehr sehenswert!

Am Abend bekommen wir wieder einen Tisch im „Whisky-Castle-Restaurant", da wir dieses Mal vorsichtshalber beim letzten Besuch gleich vorreserviert hatten. Kurz gesagt – es ist wieder toll! Diesmal gibt es für uns beide „Pork auf Gemüse", das Fleisch aufrecht wie ein Rundturm geformt. Und – wieder köstlich, Genuss pur!

Und – natürlich musste auch hier wieder die nicht mehr erforderliche Käseplatte dran glauben.

Insgesamt gesagt, auch wenn wir uns wiederholen sollten: Das Essen in Schottland (sowie wir es auch in Irland erfahren haben) ist Spitze.

Was da allein schon optisch gesehen aus der Küche kommt und natürlich auch so schmeckte, das kann man wirklich nur als Genuss betrachten. Von anderen kann man auch hören, dass dies nicht so ist – aber w o   essen „die" denn?

Das können wir nun wirklich bei so vielen guten Erfahrungen und eigentlich Null-Enttäuschungen nicht verstehen, nichts „Vernünftiges" zum Essen bekommen zu haben.

Wir sind beim letzten Schluck im Restaurant, da hören wir vertraute Klänge. Überraschung - es gibt „traditionelle keltische schottische Musik" in der anschließenden Bar. Und wir haben auch noch einen schönen kuscheligen Sofa-Sitzplatz mit guter Sicht auf die Musikgruppe.

Das sind vier junge Leute, die Flöte, Gitarre und 2 x Geige traumhaft beherrschen. Viele Stücke kennen auch wir und haben diese CD`s Zuhause.

Was für ein wirklich super Abendabschluss. Die Musikstücke sind Spitze, wirklich traditionell und nicht die immer selbigen Lieder, die für Touristen gespielt werden.

Pubs mit Busgesellschaften meiden wir. Insofern kann man selbst aussuchen, was Vergnügen verspricht. Und – wir fragen vorher auch mal bei unseren Gastgebern nach, wo am Abend Musik ist und welche Instrumente zum Einsatz kommen.

Viele Male waren wir sogar die einzigen „nicht Einheimischen" im Pub. **Das ist dann wirklich Schottland erleben.**

... ganz hoch hinaus

Damit ist keine Bergtour in gigantische Höhen gemeint. Nein – aber es zieht uns weiter in den Norden Schottlands. Und dort werden wir unsere Füße auf das nördlichste Stückchen Land setzen, das noch zum Festland gehört.

Bei Sonnenschein durch die „Northern Highlands", weg von den Hauptstrecken, es ist so schön! Interessante „Single Track Roads" gibt es, wo nicht einmal ein Motorrad so einfach an einem Pkw vorbei kommt, geschweige denn an einem Wohnmobil. Mit unserem Corsa kommen wir aber überall gut zurecht. Viele Kilometer lang fahren wir völlig allein durch die wunderschöne Gegend. Es ist ja nicht mehr die volle Urlaubs-Haupt-Saison – es ist September. Da reichen die vielen „Passing Places" vollkommen aus, wenn denn mal „einer kommt". Man muss doch so oft anhalten, weil die Ausblicke und Anblicke einfach toll sind!

Unser heutiges Etappenziel dort oben ist „Tongue". Wir haben im „Tongue Hotel" gebucht.

Als wir vor dem Hotel parken, da schauen wir uns fragend an. Von außen macht das hier ja nicht den schönsten Eindruck.

Wir beide wissen aber, dass man nicht nur dem ersten Eindruck nach gehen soll. Also – wie sieht es drinnen aus, wenn außen die Farbe abblättert? Hier ganz oben und am Salzwasser herrscht sicher oft ein ziemlich raues Klima. Da leiden Holz und Farbe sicher viel mehr als anderswo. Zumindest hat jeder eine Chance verdient.

So viele Möglichkeiten hier oben gibt es auch gar nicht und der Ort ist eigentlich kein Ort, was wir aber wussten. Deshalb haben wir hier ein Haus ausgesucht, wo wir auch bei schlechtem Wetter noch innere Aufenthalts-Möglichkeiten haben.

Und als wir ins Hotel gehen, da werden wir positiv überrascht – wieder einmal. Wir sind hier richtig! Das Hotel hat ein eigenes Restaurant, das nett eingerichtet ist – teilweise mit Blick aufs Meer. Die Bar hat mehrere Zapfhähne, die versprechen, dass für jeden wohl etwas dabei ist.

Als wir dann unser Zimmer betreten, hellen sich unsere Mienen vollends auf. Ein freundlicher Anblick erwartet uns in unserem großen Zimmer, wo die Lichter zur Begrüßung brennen und auch das wichtige Bett einen guten Eindruck macht. Was wir dann doch etwas belustigt sehen - das Handwaschbecken ist nicht im Bad, sondern im Zimmer, statt Dusche Badewanne.

Die Badewanne ist übrigens dann doch im Badezimmer, damit keine falschen Vermutungen aufkommen. Bei der Decken- und Wandschräge im Bad war wohl architektonisch nichts anders möglich, aber was soll`s, es wurde doch gelöst. Wir sind rundum zufrieden und genießen schon mal die Bonbons, die auf den Kopfkissen locken.

Es ist noch früh. So beschließen wir, dass wir schon heute und jetzt zum „Loch Erboll" fahren. Dort ist übrigens der Ort, wohin McGregor mit seiner Herde auf der Flucht vor den britischen Metzern hin getrabt ist. (... in einem meiner Schaf-Geschichten-Bücher) Irgendwie ist es ein merkwürdiges und schönes Gefühl jetzt hier zu sein, denn als ich den Schaf-Roman schrieb, kannte ich die Gegend nur von der Landkarte.

Wir fahren am Loch Erboll vorbei bis nach Durness und nehmen dort im Cafe eine Stärkung. Es ist überhaupt nicht schlimm, dass wir jetzt die gleiche Strecke „rückwärts" fahren. Das Gebiet ist einfach so schön, und von der anderen Seite aus sieht ja auch manches „anders" aus.

Meine Güte, war das ein schöner Ausflug in einer fantastischen Landschaft. Wir machen uns frisch fürs Abendessen und bekommen – ist dort so üblich - in der Bar dafür die Speisekarten.

Für uns ist das etwas ungewöhnlich, aber später haben wir das schon doch noch einige Male so erlebt. Also, wir suchen uns etwas aus und bestellen auch unsere Getränke gleich mit.

Es dauert nicht lange, da werden wir schon gebeten, jetzt im Restaurant Platz zu nehmen. Das Essen wurde ziemlich umgehend serviert und war köstlich! Für uns gibt es heute wieder einmal Lamm und Pork, sehr dekorativ aufgemacht und wirklich sehr lecker. Die Käseplatte bleibt heute weg, denn wir sind noch mit weiteren Gästen in der Bar verabredet.

Wir stellen fest, dass die drei weiteren Gäste aus Homburg kommen und auch sehr viel Humor besitzen. Da bleibt die eine oder andere Geschichte von unseren Schafen nicht aus, zumal McGregor mit bei uns sitzt. Wir haben allesamt sehr viel Spaß. Nach einigen Pints fallen wir nach 23 Uhr ziemlich müde ins Bett.

Die viele frische Luft, die wunderschönen Eindrücke heute unterwegs und einfach alles, was heute passierte, das macht einfach müde. Aber schon jetzt freuen wir uns auf den nächsten Morgen und das morgige Tagesprogramm.

ein stürmischer Leuchtturm

Der erste Blick am Morgen gilt dem Wetter. Alles ok - die Sonne scheint. Auch wenn wir immer noch etwas müde sind, das Frühstück schmeckt schon mal. Und dann geht es bald los. Wir sind ja so ziemlich ganz oben in der Mitte.

Unsere Tour geht über „Thurso" zum „Castle Mey", fast im äußersten Nordwesten.

Die Landschaft ist – wie immer – atemberaubend schön. Täler, Wasser und bergige Straßen wechseln sich ab, vorbei an Hochmooren und dann eben weder in wunderschöne Täler hinunter. Dann macht das Wetter für uns eine kleine Planänderung erforderlich – es schlägt um und es wird stürmisch.

Deshalb verzichten wir auf die Gärten vom Castle. Aber im dortigen Cafe genießen wir heute die „Scones mit Clotted Cream" mit Cappuccinos.

Wenn wir aber schon mal in der Gegend sind, werden wir den angepeilten Leuchtturm „Dunnet Head" besuchen. Aber hallo – wir bekommen fast die Autotür nicht auf, der Sturm hat jetzt Kraft.

Der nördlichste Leuchtturm Schottlands zeigt uns, wie stark er immer wieder der Natur ausgesetzt ist. Aber – das ist hier so ein Punkt, wo wir mal hin wollten. Und – jetzt sind wir hier. Und allem zum Trotz – wir fahren nochmal ein paar Kilometer weiter und sind zum zweiten Mal am Nord-Ost-Zipfel bei „John O`Groots", dem kleinen Ort, von wo aus die Fähre zu den Orkney-Inseln fährt – bei dem Sturm aber für uns nicht „dran-zu-denken".

Also geht es nach Tongue zurück – rückwärts ist die Strecke ebenso schön, auch weil der Wind nachlässt und die Sonne wieder scheint.

Es gab wieder viel frische Luft, die bei dem erlebten Sturm sehr viel komprimierter als normal war. Vielleicht sind wir deshalb etwas matt und erledigen diese kleine Schwachpause mit einem Schläfchen – auch weil für heute nichts weiter geplant ist.

Als wir hinunter zum Abendessen gehen, wiederholt sich die Prozedur. Wir bestellen und überbrücken die kurze Wartezeit mit einem Pint und einem Glas Wein. Das Essen lässt nicht lange auf sich warten. Wir haben noch nicht einmal ausgetrunken, da werden wir schon wieder sehr freundlich zu unserem Tisch geleitet.

Wow – wir denken noch heute an das leckere Abendessen dort. Es soll nicht unerwähnt bleiben, dass der Weißwein aus Chile Helga sehr gut bekommt, was nicht bei allen Weinen so ist. Dann wird die Vorspeise serviert: warmer Käse-Salat, der mit Romano-Salat, Linsen, Möhren und Granat-Apfel-Kernen garniert ist.

Da Wolfgangs Hauptgericht in vielen Orten gleich war, aber immer hervorragend gut, wird hier lieber darauf hingewiesen, was es sonst noch so gibt. Helgas Teller ist wieder ein „Essen-Traum" mit Monkfisch, Muscheln und Reis in Safran-Sauce.

Ullapool

Wieder einmal ist es eine Pflicht für uns, die traumhafte Strecke zuerst nach Westen und dann nach Süden zu fahren. Als wir das vor zwei Jahren erleben durften, da kamen wir vom „Bettyhill-Hotel" in Bettyhill, ebenso auf der Höhe von Tongue, nur weiter östlich. Dort spricht man übrigens Deutsch und es war auch ein sehr schöner Aufenthalt dort.

Doch heute ist Ullapool unser Ziel. Wir fahren die Küstenstraße noch einmal über Loch Erboll nach Durness. Und von da aus weiter ist die Strecke toll – einfach superschön, ein Erlebnis. Bei Kylesku gibt es einen großen Meeresarm-Einschnitt. Im kleinen Hotel dort waren wir schon mehrmals und es gibt einen Imbiss für uns.

Die traumhafte Strecke bei Sonnenschein ist so schön, dass wir viel Zeit brauchen, aber haben wir die nicht im Urlaub?

Vorbei am „Loch-Assynt-Castle" geht es weiter südwärts nach Ullapool. Sehr freundlich werden wir wieder begrüßt und bekommen unser Zimmer Nr. 3 im „Waterside-House", sowie unser Corsa einen Parkplatz mit Blick aufs Wasser.

Wir sind hier fast am Fähranleger zur Insel Lewis". Unser B & B ist wirklich schön und mit neuester Technik ausgestattet. Die Lichter im Bad reagieren auf Handbewegung.

Zum Abendessen ist im anvisierten Restaurant „The Arch" kein Tisch mehr zu haben – oder wir müssten warten. Das muss nicht sein, und so machen wir einen kleinen Bummel am Hafen lang. Wir finden eine andere Möglichkeit, beschließen aber, dass wir es morgen Abend wieder in der Arch versuchen.

Allerdings ist neben dem Arch-Restaurant noch eine Bar, in der wir unseren Absacker nehmen wollen. Aber auch das geht heute nicht. Drinnen stehen in mehreren Reihen die Schotten und schauen sich auf dem Großbildschirm ein Fußballspiel an. Da ist kein Durchkommen zur Theke. Na gut – aber schlimm ist das auch nicht, denn wir könnten ja noch etwas anderes suchen. Dann gehen wir heute eben etwas früher schlafen, denn so viele Eindrücke und wieder viel frische Luft, das alles fordert Tribut.

Die Sonne lockt uns früh aus den Betten. Frühstücksduft lockt ebenfalls. Aus dem großen Angebot sucht sich Helga Waffeln mit Schinken und Sirup aus. Und das Früchteangebot ist auch einfach toll. Eine Schale mit verschiedensten Sorten (z. B. Blaubeeren, Erdbeeren, Ananas, Birne usw.) steht dekorativ als Augenschmaus da, aber es darf auch alles gegessen werden, obwohl der erste Benutzer, der zum Plündern ansetzt, evtl. sogar ein schlechtes Gewissen hat.

Heute steht der „Inverewe-Garden" auf unsrem Besichtigungsplan. Auf der Fahrt dorthin, immer wieder unterbrochen von der fantastischen Landschaft, machen wir noch eine Kaffee-Pause. Vor und hinter dem Haus grasen Schafe, und ich als Schaf-Roman-Autor muss da einfach hin, weil alles so toll malerisch aussieht. Mit den Gastwirten hier gibt es über die Schafe und die Bücher natürlich einen längeren Plausch.

Der Inverewe-Garden ist schon bemerkenswert, sehr schön und abwechslungsreich angelegt. Und im Cafe dort gibt es nette Kleinigkeiten, die wir schamlos ausnutzen, bevor es wieder in Richtung Ullapool zurück geht. Auch die Rückfahrt zwingt immer wieder zum Anhalten. Hinter jeder Kurve sieht die Landschaft anders aus – immer wieder begeisternd.

… braucht es da noch Worte?

Berge wechseln sich mit Tälern ab, die Küste mit den vielen Lochs, die bei diesem Sonnenschein je nachdem blau oder grün leuchten.

Alles lädt zum Schauen ein. Da ist es gut, dass es so viele Möglichkeiten als Haltepunkte gibt, um dieses alles genießen zu können.

So brauchten wir bei einer Tour einmal für 100 km an die fünf Stunden. Aber jede Minute hat sich gelohnt, weil an diesen schönen Anblicken vorbei zu fahren, das wäre schon eine große Sünde.

Unsere Gastgeber sehen wohl noch den Glanz in unseren Augen und begrüßen uns mit herzlichen Worten und dass es wohl ein sehr schöner Tag für uns war - das stimmt!

Und jetzt werden wir abends unseren nächsten Versuch zum Abendessen in der „Arch" starten. Im Augenblick gibt es dort keine Buchungen, daher gehen wir etwas früher los als gestern. Und es klappt – wir bekommen auf Anhieb einen schönen Tisch.

Für Helga gibt es wie im letzten Urlaub dort „Salmon (Lachs) auf Gemüse", für Wolfgang kommt eine Riesen-Portion „Fish and Chips". Und wieder geht es scherzhaft mit der Bedienung darum, ist es nun ein Delfin oder etwa halber Wal?

... ein schmerzhafter Verlust

Der nächste Tag. Wieder erwartet uns strahlender Sonnenschein beim Blick aus dem Fenster – keine Wolke am Himmel, welch ein schöner Tagesbeginn. Und das Frühstück ist auch wieder allererste Sahne!

Unser Weg führt uns heute wieder ein Stück zurück in Richtung Norden. Wir wollen noch einmal die berüchtigte Single-Track-Road nach Drumbeg fahren. Das ist eine Strecke mit viel Nervenkitzel, denn für alle ist das wirklich nicht geeignet. Wer es nicht eng, unübersichtlich und steil mag, der sollte diese schmale Verbindung „lieber nicht" fahren.

Gleich bei der Einfahrt in diese Strecke stehen auch schon entsprechende Schilder, die auch einige Verbote beinhalten.

Manchmal ist schon da oder dort vor oder hinter einer Kuppe schon mal eine Vollbremsung fällig! „Blind Summit" heißen die berüchtigten Kuppen, bei denen man manchmal nicht ahnen kann, ob es dahinter geradeaus, nach links oder nach rechts geht. Aber – wir haben es schon einmal gemacht und überlebt!

Wieder umgeben uns Berge, Lochs und natürlich überhaupt die fantastischen Aussichten. Ein Höhepunkt ist dann wieder die Stelle, wo das Warnschild steht: „25 % Gefälle". Richtig gelesen – da steht wirklich die Zahl „25".

Alles geht wieder gut. Diesmal kommt uns kurz vor der Stelle zum Glück nicht wieder – wie schon einmal erlebt - ein Wohnmobil entgegen. Die Fahrtrichtung zeigt nach „Lochinver". Dort werden wir in ein Restaurant mit grünen Rolladen einkehren. Aber zwischendurch gibt es noch einen Halt an einer Stelle, von wo aus man tief in ein Tal hinunter schaut. Es gibt dort ein Foto, einen kurzen Augen-Genuss-Aufenthalt, dann fahren wir nach Lochinver ein und besuchen das erwähnte Restaurant. Es ist schon recht später Nachmittag. An einer wieder einmal sehr schönen Stelle möchten wir auch noch schnell ein Foto machen. Aber - **Schreck** !!!

W o ist nur unser Fotoapparat? Inzwischen sind wir ziemlich weit weg von dem Platz, wo wir den Verlust „vermuten". Dieses letzte Tal-Foto war auf einem Parkplatz mit blauem P-Schild. Wir sind nicht nur schon weit davon entfernt, die letzten 20 Kilometer waren auch sehr anstrengend, eigentlich noch anstrengender als die vorher bezeichnete Berg-Gefälle-Strecke.

Anstrengend?   Von Lochinver aus sind wir nicht die breite Straße hinaus gefahren, sondern eine neue Strecke,   die vom Hafen aus hinaus führt.

Das anstrengende war, dass diese Strecke sehr eng und unübersichtlich ist, was wir ja eigentlich nicht fürchten, wie so manche Schilderung sagt. Aber – diese enge Straße führt zur einen Seite am Berghang lang und zur anderen begrenzt eine Mauer die Straße zur Küste.   Wehe, wenn man dann noch zurücksetzen müsste.   Wir haben – glaube ich - beide gebetet, dass uns da keiner entgegen kommt – Glück gehabt!

Wo ist unser Fotoapparat?   Wir durchsuchen unser Auto, unsere Jacken, unseren Rucksack – nichts! Wo haben wir den denn nur verloren? Haben wir ihn irgendwo liegenlassen? Meistens liegt der Apparat griffbereit im Seitenfach der Autotür.   Ist er beim Öffnen oder Schließen der Tür hinaus gefallen?

Es wird schon langsam dämmerig und bietet sich wirklich nicht an, noch einmal zurück zu fahren. Ruft man sich nur einmal die oben beschriebene anstrengende Strecke dazu auf – geht gar nicht. Wir geben zu, diese Tagesstrecke heute und die zum Schluss hat uns beeindruckt, so dass wir uns entschließen, nach Ullapool zurück zu fahren.

An welcher Stelle sollen wir denn auch suchen? Und – vielleicht hat den Apparat auch schon jemand gefunden, da könnten wir lange suchen.

Schade ist nur, dass so wunderschöne Bilder darauf sind, bei dem Sonnenschein, wo alle Farben so richtig toll heraus kommen.

Wenn wir wenigstens den Chip wieder bekommen könnten – und das Video von den Pipes and Drums-Gruppen hätten wir auch gerne zurück.

Zurück in Ullapool erzählen wir traurig alles unseren lieben Gastgebern. Fiona hat dann die Polizei eingeschaltet, damit amtlich etwas vorliegt, wenn jemand den Fotoapparat gefunden hat und hoffentlich abgibt. Die Polizei wird auch die Straßen-Wacht benachrichtigen, die Straßen, Wege und auch die Parkplätze pflegen.

Wir haben nämlich die Vermutung, dass der Apparat beim letzten Tal-Foto auf der Bank am Parkplatz mit dem Blick ins Tal liegen geblieben ist. Oder – da es sich um eine Holzbank mit Latten und offenen Zwischenräumen handelt, dass der Apparat dazwischen geraten und hinunter gefallen ist, so dass wir ihn beim Weggehen nicht bemerkt haben. Wenn er noch oben auf der Bank gelegen hätte, so wäre er uns doch sonst bestimmt noch aufgefallen. Wir können jetzt nur noch auf einen ehrlichen Finder hoffen. Und unsere Gastgeber legen sich auch noch weiter ins Zeug und benachrichtigen Hinz und Kunz ….wenn die etwas hören sollten.

Inzwischen waren unsere Freunde Silva und Matthias etwas später wieder in Schottland - und zwar in derselben Gegend. Auch sie haben die bewusste Strecke abgefahren und auch den beschriebenen Parkplatz erreicht. Leider war unsere Kamera nicht – mehr – da, aber DANKE !

Ja – danke für euren Versuch, aber was will man machen. Zumindest hatten die beiden auch noch einmal diese schöne Strecke erlebt, denn sie hatten extra für uns diesen Weg eingeschlagen.

So kann es einfach sein, gerade war der Tag noch so wunderschön, dann kommt ein Ereignis und alles sieht nicht mehr ganz so blau aus.

Aber – sicher gibt es schlimmeres. Wir sind jedenfalls unbeschadet und ohne Kratzer an Leib und Corsa zurück.

Am Abend geht es noch einmal in die „Arch". Irgendwie hemmt das Erlebte vom Tag doch etwas unseren Appetit, obwohl das Essen sicher genauso gut war, wie am gestrigen Abend.

Isle of Skye

Am 10. September verlassen wir Ullapool wieder bei Sonnenschein und 19,5 Grad, was für Schottland zu dieser Jahreszeit sehr gut ist.

Wir hören von unserer Nachbarin Zuhause, dass es dort auch nicht wärmer ist, aber wichtig ist natürlich viel mehr, dass unser Kater gesund ist und das Haus auch noch steht.

Auf der Fahrt zur Isle of Skye machen wir immer eine Pause beim fotogenen „Eilean Donan Castle", dem wohl am meisten fotografierten Castle in Schottland. Bei dem schönen Wetter schmeckt ein Eis so richtig erfrischend.

Und im Shop finden wir auch wieder ein Geschenk für einen Lieben Zuhause. Im Castle selbst waren wir ja schon einmal, das muss reichen.

Am späten Nachmittag – wir lassen uns wie immer ganz viel Zeit unterwegs - treffen wir in „Portree" ein. Wir bekommen wieder Zimmer Nummer 4. Hier im B & B hat die englische Königin schon einmal ihren Tee getrunken.

Unsere Gastgeberin hat uns wieder einen Tisch für den Abend im „Granary" reserviert.

Dort hatten wir auch beim letzten Besuch schon gegessen, sehr lecker, so dass wir auch unbedingt da wieder hin wollten.

Da unser Tisch „sicher" ist, bewegen wir uns noch ein bisschen durch den kleinen Ort. Und da wir vom wieder-vielen-Schauen etwas müde sind, ist etwas Ruhe im B & B im Liegen angesagt.

Am Abend sitzen wir aber dann im Granary und haben einen Fensterplatz ergattert. Wir genießen „Lamb from Sky" und einen „Rindfleisch-Turm". Dazu gibt es dunkles Bier aus Schottland (Sky Dark) – auch sehr lecker.

Ein weiterer Pub-Besuch ist heute nicht mehr drin. Gute Nacht – war wieder einmal ein sehr schöner Tag!

Der nächste Tag ist wieder für eine Inselrundfahrt vorgesehen.

Heute geht es also auf der rechten Inselseite lang.

Und da gibt es ja auch noch die linke Seite von Skye. Diese Tour machen wir **am dritten Tag.**

Die Sonne macht auch wieder mit, dazu sind es 18 Grad.

Die Eindrücke sind unterwegs super, auch wenn wir dies schon einmal gemacht haben.

Aber was soll es denn? Die Inseltour ist einfach so schön, dass man sie dort in jedem Urlaub mitnehmen kann.

Viele werden davon abgeschreckt, wenn sie lesen, dass Skye eine Nebelinsel ist.

Wir haben da andere Erfahrungen gemacht. Vielleicht hatten wir aber auch viel Glück dabei. Wer dafür verantwortlich ist – wer weiß!

Auf jeden Fall nehmen wir uns heute mal das „richtige" Stein vor, nicht das mit dem Ketchup. Eigentlich gibt es dort eine einzige Zeile mit weißen Häusern, aber irgendwie hat es was. Im Cafe in Stein gibt es was Leckeres, nein keine Windbeutel, obwohl der Wind draußen pfeift.

Ein Stück weiter besuchen wir einen der vielen Friedhöfe mit besonderer Stimmung. Irgendwie ist es ein seltsames Gefühl an solchen Orten, das man gar nicht beschreiben kann.

- Begegnungen –

- Entspannung –

Voller wunderbarer Eindrücke, die voll wieder aufgefrischt wurden, kehren wir nach Portree zurück. Beim Bummel durch das Städtchen finden wir in Hafennähe ein interessantes Cafe – oben in der ersten Etage.

Natürlich gibt es wieder Scones mit Clotted-Cream und die passenden Cappuccinos, die wir bis jetzt und heute noch nie leid geworden sind.

Auf der Straße gibt es noch ein paar nette Geschäfte. Eines davon ist ein Büchergeschäft. Da wir ja leider unsere schönen Bilder unterwegs verloren haben, kaufen wir einen sehr schönen Bildband mit tollen Bildern, wo auch wir gewesen sind und diese Bilder eigentlich auf unserem Chip sein sollten.

Um 18.30 h erwartet uns wieder unser Tisch im Granary. Helga bestellt ein „Trio of Fish" und für Wolfgang gibt es noch einmal den „Turm", dazu natürlich wieder das leckere Sky Dark.

Und dann kommt noch eine Überraschung draußen. Die uns bereits bekannte „Isle of Skye Pipes and Drums Band" gibt heute wieder eine Vorstellung.

Was für ein toller Abschluss hier, denn morgen werden wir Skye wieder verlassen.

Nur ein paar Meter vom Granary weg haben wir in Pub das Glück, auch hier noch einmal die keltische Musik zu genießen. Zufriedener als wir kann man nicht sein. Wieder ein großartiger Tag!

Kurz bevor wir Skye verlassen, besuchen wir noch den „Clan der McDonalds". Das Castle dort ist nach einem Brand nur noch ein Rest, aber ein schöner Garten lockt für einen Rundgang. Und das im Park befindliche Museum ist auch durchaus sehenswert.

Fort William

Nach dem Besuch bei den McDonalds fahren wir wieder zurück über die Brücke, die Verbindung der Isle of Skye mit dem Festland.

Und direkt vorbei am „Eilean Donan Castle" ist auch heute wieder der obligatorische Halt Pflicht. Schon oft gesehen, aber der Anblick ist immer wieder „hat einfach was". Schließlich wurden hier schon berühmte Filme „Highlander" und „James Bond" gedreht.

Fort William ist unser nächstes Tagesziel. Unterwegs bekommen wir doch tatsächlich das schottische Gegenstück zum Sonnenschein - aber danke, dass es gewartet hat, bis wir im Auto sind. Hohe Berge begleiten uns, bis wir am Nachmittag in Fort William einfahren.

Im uns bereits bekannten B & B begrüßen uns sehr herzlich unsere Gastgeber, die uns auch unser gewohntes Zimmer bereit halten.

Sie haben unseren Wunsch ausgeführt, für uns heute Abend im „Lime Tree" einen Tisch zu reservieren – ohne ist es sonst aussichtslos.

Es ist dort preislich anspruchsvoll, aber lohnend.

Aus der Küche kommt zunächst ein Gruß in Pralinenform, dazu gesellt sich eine Suppentasse. Wir sind gespannt, was dies wohl ist, das sehr lecker und niedlich aussieht.

Kurz gesagt, wie erwartet ist es ein Genuss. Anschließend gibt es heute für Helga Kaninchen und für Wolfgang (... wird nicht verraten, falls unsere Schafe diesen Bericht einmal lesen).

Eine Käseplatte (...na, wurde doch erwartet !) mit speziellen Sorten aus der Umgebung rundet alles ab – nicht zu vergessen sind auch die Spülungen mit Starkbier aus der Region

So weit – so gut !   Leider ist der Abschluss hier etwas abrupt! Helga bekommt einen Gallenstau, was aber mit Sicherheit nicht am Restaurant liegt. Mit diesem Übel müssen wir ab und zu leben, deshalb ist auch immer „etwas" in der Tasche.

Der Fußweg zurück zum B & B   ist nur kurz. Trocken kommen wir aber trotz drohender Wolken nach Hause – und dort ist auch der „Stau" vorbei. Der Wetterbericht verheißt für den nächsten Tag wieder Gutes.

Am nächsten Morgen ist wieder alles gut. Das Frühstück war lecker, die Sonne scheint. Unser Ausflugsziel ist heute „Oban". Auf dem Weg dorthin kommen wir am „Castle Stalker" vorbei, das im Wasser liegt, sehr malerisch. Danach besichtigen wir „Dunstaffnage-Castle". Allerdings ist es nur noch eine Ruine vom „Clan Campbell" aus dem 13. Jahrhundert, aber man kann noch gut hoch auf die Mauern. In Oben fahren wir durch sehr enge und verwinkelte Straßen auf den Berg hoch. Dort oben soll das „Collosseum" sein, das wir besuchen wollen. Das ist tatsächlich eine Nachbildung vom „römischen Collosseum", natürlich viel kleiner, aber sehr gut erhalten – und: o h n e Löwen!

Von hier oben hat man eine sehr schöne Aussicht über die Stadt und den Hafen von Oban.

Oban selbst ist sehr belebt. Wir verzichten da auf einen Stadtbummel und fahren zurück Richtung Fort William. Unterwegs auf dem Weg nach Oban hatten wir einen Hinweis auf ein Cafe gesehen. Bei Ankunft dort entpuppt sich dort das Cafe als im „Poppis Garten-Center" gelegen. Wir sitzen direkt am Wasser (am Loch Linnhe) und genießen einiges vom großen Kuchenbuffet.

Wieder zurück im B & B ist etwas Ruhe angesagt.

Den ganzen Tag an der frischen Luft, an der guten Seeluft, das macht Appetit. Wie man lesen kann, mussten wir keinen Hunger leiden, aber wir freuen uns doch schon wieder auf das Abendessen.

Das nehmen wir uns im „Grog & Gruel" vor, das uns von unseren netten Gastgebern empfohlen wurde. Inmitten der Fußgängerzone von Fort William gelegen ist es schon interessant. Man kann dort nicht reservieren, das wurde uns gesagt. Man meldet sich oben in der 1. Etage an und kann dann solange nach unten in den Pub gehen. Mit einem guten Pint in den Händen dauerte es nur einige Minuten, bis wir die Nachricht vom freien Tisch erhielten.

Die Speisekarte umfasst alles, was eine Pizzeria zu bieten hat. Aber dazu gibt es auch internationale Gerichte. Wir suchen uns heute „Rindfleisch-Pie mit Salat" und „Salmon mit Nudeln und Pilzen" aus. Dazu noch ein Pint - was geht`s uns wieder gut! Und nicht vergessen, den Gallenstau haben wir „abbestellt".

In Helgas Tagebuch steht unter diesem Tag ein Herzchen – war da noch was?

noch einmal Pitlochry

Abschied von Fort William bei Sonnenschein. Unsere Gastgeber hatten von uns auch die Geschichte der „verlorenen Bilder" gehört.

Sie erzählen uns, dass sie einen Freund beauftragen, der sich gut in den Medien auskennt und z.B. auf Facebook pp. eine Suche nach unserer Kamera starten will.

Das ist mal wieder ein Super-Beispiel für die netten und sehr bemühten Schotten, vielen Dank. Vielleicht hilft es ja, denn wir sind natürlich immer noch traurig über den Verlust.

Unser Weg führt uns durch das traumhafte „**Glencoe Tal**", einem geschichts-trächtigen Tal, das damals eher grausam als traumhaft war.

Weiter geht`s sehr schön am „**Loch Tay**" entlang. Unsere Kaffeepause mit Zubehör gibt es am „Loch Tummel" in einer „Safari-Station".

Gegen 16 Uhr erreichen wir dann zum zweiten Mal wieder Pitlochry. Jetzt haben wir Zimmer 3 im „**Craigatin House**", wo wir auch schon einmal vor zwei Jahren für mehrere schöne Tage verbrachten - auch ein wundervolles Haus.

... am Skilift im Glencoe-Tal

„"Craigatin House"

- Frühstücksraum -

Unser Abendessen gibt`s wieder im „The Auld Smiddy Inn" - „Fish and Chips" sowie „Canneloni und Salat" - beides wieder sehr lecker.

Ja – und sonst?   Die viele frische Luft und die schönen Eindrücke unterwegs – immer und überall – fordern wieder Ruhe.

Die bekommt man auch hier im B & B in Super-Betten, wo im Zimmer 3 diese modernen Hochbetten so groß sind, dass man auch schon mal länger auf Partnersuche sein kann- aber ganz leise, denn die dicken Polster geben keinen Laut von sich – auch schön!

Rannoch Station

Die Sonne lacht uns beim Aufwachen schon so entgegen, dass wir blinzeln müssen.   Aber bei jedem Wetter ist das Frühstücks-Angebot auch hier wieder einfach super.

Wir suchen uns aus der Frühstücks-Karte – die es übrigens fast überall gibt, auch in sehr kleinen Häusern – Omelette mit Pilzen und Käse, sowie Panecakes mit Speck und Honig aus.

Unser Ziel ist heute das „Ende der Welt", so sagt man dort.   Es ist „**Rannoch Station**",   eine Bahnstation mitten im Moor.

Auf diese letzte menschliche Station vor dem Niemandsland im zu erwandernden Moor sind wir in einem TV-Bericht aufmerksam geworden. Die Station enthält ein Cafe mit Imbiss. Tatsächlich steigen doch etliche Leute aus dem dort haltenden Zug, wie wir staunend feststellen, um dort einen Cafe, Scones oder andere Kleinigkeiten zu sich zu nehmen.

Und natürlich kommen auch viele Touristen, so wie wir, um dieses hier einmal anzuschauen. Auf dem Weg dahin gibt es genug Warnungen! Schon etwa 20 Meilen vor der Station kommt das erste Schild, das darauf hinweist, dass die Straße dann endet. Und die Schilder wiederholen sich auch noch, für den, der das nicht glauben will. Dann steht da: „Achtung! Die Straße endet <u>wirklich</u> nach jetzt noch ....Meilen!"

Wir halten natürlich durch, denn wir wissen genau, dass dort mit der Station das Ende ist, aber wir wollen ja nun wirklich und wahrhaftig dort hin.

Der TV-Bericht hat sich mit der Wirklichkeit wohl überschnitten. Nein – Rannoch-Station und alles weitere existiert nach wie vor. Aber die Cafe-Betreiberin hatte sich verändert – zum Guten, denn im TV-Bericht hatte sie doch noch ziemlich schräge Zähne.

... nichts ist wohl unmöglich!

Empfohlen wird, sich nicht allzu lange draußen aufzuhalten. Der Grund: Kriebel-Mücken!

Und die gibt es anscheinend zu Tausenden, was sicher noch unterschätzt ist. Das beweist auch die Ausrüstung von einigen Arbeitern, die vollkommen von oben bis unten in Mücken-Schutz-Montur gekleidet sind.

Aber jetzt kommt`s – du kannst hinfahren, wo du willst – einer erkennt dich immer!

Warum? Auf der Rückfahrt vom Loch Rannoch halten wir am See an einer schönen Stelle mitten in der Natur an einem kleinen Sandstrand - kein offizieller Parkplatz.

Und dann erlebt man mal wieder eine Überraschung, wo man sagt: „Es gibt nichts, was nicht passieren kann!" Oder – wie „Murphys Gesetz" lautet: „Was auch immer passieren kann, das passiert, irgendwann und irgendwo!"

Auf dem Schiff auf der Hinreise nach Schottland hatten wir uns nur etwa 15 Minuten mit einem Ehepaar aus Oberhausen unterhalten.

Natürlich hatten wir da auch McGregor dabei, schließlich ist es auch immer eine kleine „PR-Reise" für unsere Englisch-Schaf-Bücher, die ich selbst übersetzt habe.

Und jetzt – viele hundert Meilen entfernt vom Fährhafen Newcastle und am Ende der Welt hält ein Pkw mit deutschem Kennzeichen.

In dem ganzen Urlaub hatten wir nur 2 deutsche Autos gesehen. Der Pkw hält direkt neben uns, ein Mann und eine Frau steigen aus. Wir kramen in unserem Gedächtnis. Die beiden kommen uns bekannt vor – wo haben wir die denn gesehen? Aber auf dem Fährschiff und in den vielen Orten, Pubs usw. haben wir mit so vielen Menschen gesprochen, dass wir im Augenblick nicht darauf kommen.

Der Mann schaut zu uns und sagt wörtlich:
**„Das glaub ich jetzt nicht,
der Wolfgang Pein ist hier!"**

Das glauben wir in diesem Augenblick auch nicht, das zu hören. Da hat er doch nach dem nur kurzen Gespräch und 16 Tage später ohne Verabredung „am Ende der Welt" tatsächlich meinen Namen und Vornamen behalten.

Die Oberhausener haben noch auf dem Schiff nach mir und meinen Büchern „gegoogelt" und sich gleich zwei Bücher nach Hause bestellt. Ach ja – eine Visitenkarte hatten wir den beiden gegeben - ein PR-Erfolg also!

Unser Rückweg führt uns zunächst nach Aberfeldy. Dort gab es vor zwei Jahren noch ein sehr interessantes Cafe mit einer tollen Wein- und Geschenke-Handlung. Schade – es ist leider geschlossen, anscheinend nicht nur für heute.

Es ist noch früh genug, und so besuchen wir „Dunkelnd". Das hat einen besonderen Grund. Freunde von uns hatten uns auf einen Schotten aufmerksam gemacht, der inzwischen neben der Band „Runrig" unser Lieblings-Interpret ist.

Dougie MacLean`s Frau soll dort im Ort ein Geschäft haben. Vielleicht gibt es dort eine CD, die wir noch nicht besitzen. Oder – haben wir sogar das Glück, Dougie selbst dort anzutreffen?

Das Internet ist auch nicht immer aktuell, denn das gesuchte Geschäft gibt es nicht mehr.

Zurück in Pitlochry geht es gleich ins „The Mill Inn", wo es zum Abendessen „Rib-Eye-Steak" und „Pork-Bellys" gibt – und natürlich „die Käseplatte".

.... auf Wiedersehen Highlands !

Nach dem wieder hervorragenden Frühstück –
auch mit vielen gesunden Beilagen wie Zerealien
und Früchten – verabschieden wir uns aus
Pitlochry.   Es geht heute Richtung Süden – wir
verlassen langsam die Highlands.

Unser Tages-**Endziel** ist **Dumfries**, aber unsere
erste Fahrtunterbrechung haben wir in Doune
geplant.   Dort besuchen wir das „Doune Castle".
Dort wurde von der Monty P.-Truppe der Film
„Ritter der Kokosnuss" gedreht.

Wir wurden auf Doune Castle aufmerksam,
als wir bei Nachforschungen zur 1. Staffel
„Outlander" diesen Drehort erfuhren. Outlander ist
die Verfilmung vieler Bücher einer bekannten
Autorin. Dies ist für uns sehr interessant, nicht nur
als Schottlands-Fans, auch weil viele historische
Dinge dort passieren – wie z. B. „Culloden".

Die Verfilmung hatte uns neugierig gemacht   -
und nun stehen wir tatsächlich hier im Burghof,
stehen auch im Saal, wo im Film Festlichkeiten
stattgefunden haben.

Doune Castle ist noch gut erhalten. Wir können dort durch alle Etagen hoch bis in den Turm. Es ist irgendwie ein tolles Gefühl – Augen zu und wir sind fast mitten im Film.

Da wir gut in der Zeit sind (was sich später noch ändern sollte) machen wir noch einmal einen Abstecher nach Falkirk. Dort ist das „Falkirk Wheel", ein Schiffshebewerk der besonderen Art.

In zwei unserer Romanen haben wir dies schon ausdrücklich beschrieben. Nur so viel noch: „Schiffe fahren in einen Trog und überwinden in einem Durchgang wie in einem Riesenrad eine Höhe von 24 Metern, wo früher 11 Schleusen notwendig waren, um zwei Kanäle zu verbinden. Wenn man dort in der Nähe ist – ein Muss !!!

Es ist imposant, dies alles noch einmal zu sehen und gleich einen Imbiss einzunehmen.

Ja – und dann wird die Zeit bis nach Dumfries doch noch knapp! In Schottland enden Autobahnen schon mal in einem Kreisverkehr, was für uns nicht neu ist.

Wir passieren die Nähe von Glasgow. Es ist voll. Drei Spuren unserer Bahn treffen sich hier mit einigen weiteren anderer einmündender Bahnen. Schon hundert Meter davor stand alles im Stau.

Alles war verstopft. Und was die ganze Sache noch spannender machte: Alles war noch nicht ganz fertig – es war eine gigantische Baustelle. Damit aber nicht genug. An allen Ein- und Ausfahrten waren „Ampeln".

Dass die Spuren vor der Kreisverkehr-Einmündung mit Autobahn-Nummern versehen war, das nützte uns gar nichts. Denn wenn man Stoßstange an Stoßstange steht, dann ist davon nichts zu sehen. Und welche Ampel nun genau für welche Richtung, geschweige denn für welche Fahrspur gültig ist, das kann schon mal kurz die Orientierung beeinflussen.

Zum Glück entschieden wir uns für die richtige Autobahnausfahrt und waren nun auch wieder richtig in Richtung Süden unterwegs.

Unsere Gastgeber haben wir von unterwegs aus beruhigt, denn der vereinbarte Zeitpunkt der Ankunft war jetzt nicht mehr einzuhalten.

Unser Gastgeber hatte volles Verständnis für dieses dramatische Fleckchen Erde nahe Glasgow, denn auch er kannte dort die Probleme.

Unser Gastgeber im Kilt serviert uns bei der Ankunft erst einmal einen „Single Malt" zur Beruhigung. Sehr nett, danke – und ein paar Minuten zum Relaxen die Füße hoch legen – auch das ist sehr hilfreich.

Ein Knie von uns will heute nicht so richtig mitmachen. Deshalb empfiehlt uns unser Highlander ein Restaurant hier ganz in der Nähe. Der „Urban Grill" machte es nicht schlecht, denn er ist nicht nur ein Grill, sondern hat auch andere interessante Gerichte anzubieten.

Irgendwie fordert der dramatische Kreisel bei Glasgow seinen Tribut. Ausschlafen ist angesagt. Denn morgen haben wir eine längere Fahrt vor uns.

letzter Tag in Schottland

So ist es – heute verlassen wir Schottland und fahren zu unserer letzten Übernachtung.

Diese ist dann schon in „Whitley Bay" in „England" bei Liz.

Bei strahlendem Sonnenschein verlassen wir Dumfries und haben unterwegs noch etwas vor.

In der Nähe von Hexham besuchen wir das „Chesters Roman Fort", bzw. das, was noch übrig ist aus der Zeit, als der römische Kaiser Hadrian den gleichnamigen „Hadrians Wall" bauen ließ. Wenn man eigentlich auch nur noch Grundmauern sieht, so erkennt man doch, dass hier einmal sehr viele Soldaten stationiert sein mussten. Da es hier auch wieder mal ein historischer Ort ist, kommt wieder dieses sonderbare Gefühl auf.

Auf dem weiteren Weg fahren wir weit vor Newcastle einen Bogen nach Norden, denn die vielen Kreisel von Newcastle müssen wir nicht mehr haben, nicht s e i t Glasgow.

Wir haben ja Zeit und kommen am Nachmittag bei Liz an, wo unser B & B in Strandnähe wartet und unser Zimmer, das wir schon einmal hatten.

In der Nähe ist für ein Abendessen nicht so viel ansprechend in der Gegend, jedenfalls nicht für uns. Nach Rücksprache mit Liz macht sie es möglich, dass wir in nächster Nähe (…sah uns sehr brauchbar nach der Außen-Karte aus) noch einen Tisch bekommen, obwohl es Freitag ist und eigentlich ausgebucht. Aber Liz ist bekannt und hat es geschafft. Wir sind jetzt also beim Italiener „Davanti" an der Seepromenade, und es sollte ein Super-Abend werden.

Nach nur 3 Gehminuten stehen wir also vor dem Restaurant. Als wir durch die Tür kommen, denken wir, dass wir in eine Diskothek kommen. Ein ziemlicher Lärm empfängt uns. Italienische Musik spielt den ganzen Abend und die zahlreichen Gäste reden ebenso laut, um sich zu verstehen. Wir schauen uns an und können nur Lachen. Das Restaurant sieht sehr gut aus. Und – etwas anderes noch zu finden wäre schwer.

Nach ein paar Minuten haben wir uns an den Geräuschpegel gewöhnt. Wir sind zwar in England, aber es wirkt wie Italien, als ob eine große italienische Familie mit vielen Freunden voller Temperament redet und feiert. Nun – die meisten sind ja keine Italiener, eher nur die Kellner, aber auch wir passen uns an.

Einer der Kellner verschafft sich in der heiteren Gesellschaft immer wieder mit seiner sehr tiefen Stimme – so tief wie noch nie gehört – Gehör.

Die Vorspeise „Buscetta" ist schon einmal sehr gut. Danach kommen „Calzone" und „Penne mit Gambas" auf unseren Tisch. Wolfgang bekommt „Black Sheep Ale". Na – was gibt es für einen Autor von Schaf-Büchern wohl bezeichnender, als „schwarzes Schaf-Bier"!

Der Chef kommt auffallend oft an unseren Tisch. An meiner wie zufällig auf dem Tisch liegenden Visiten-Karte mit den Schaf-Büchern liegt es wohl nicht allein. Anscheinend ist er wohl sehr angetan von Helga.

Wir sprechen dann über den Zusammenhang der Bücher mit den Schafen. Der Chef findet das ziemlich lustig. Als wir ihn nach einer Flasche „Schafbier" zur Mitnahme als Souvenir fragen, da schenkt er uns einfach eine. Und – Helga kommt auch wieder „mit mir" nach Hause.

Was wieder ein schöner Tag! Was für ein schöner Abschluss „in Italien".

Morgen geht es dann wieder endgültig in Richtung Heimat. Morgen wartet die Fähre auf uns.

... ab zur Fähre nach Newcastle

Um 11 Uhr verlassen wir Liz und genießen noch den Sonnenschein am Strand von Whitley Bay.

Einige Einkäufe wie Mitbringsel und Geschenke besorgen wir noch im nahen Einkaufs-Center und gönnen uns noch die „Soup of the Day".

Wir haben immer noch Zeit und kehren noch einmal an den Strand zurück. Ein Abschiedseis und ein obligatorisches Foto am Strand runden hier in Whitley Bay alles gut ab.

Dies ist übrigens bereits unsere 4. Übernachtung in Whitley-Bay. Als Übernachtungsort ist er für uns auch deshalb günstig, weil wir dann nur noch 20 Minuten Fahrtzeit bis zur Fähre haben und gar nicht mehr nach Newcastle hinein fahren müssen.

Und da liegt es schon – unser Fährschiff. Es ist das Schwester-Schiff von unserer Anreise. Fährschiff ist eigentlich zu wenig ausgedrückt. Wenn man sieht, wie viele Pkw`s und recht viele Lastwagen dort hineinfahren, das Schiff mit seinen 11 Decks und reichlich Unterhaltung und Essens-Möglichkeiten – natürlich auch Bars und Kino – dort enthalten sind, dann ist das schon eine „kleine" Kreuzfahrt. Wir sind heute im Deck 8.

- Strand von Whitley-Bay -

- eines der Auto-Decks -

Oben an Deck gibt es gegen den Abschieds-Schmerz ein gutes Mittel – ein Pint of Guinness. Aber – was soll es: Wir hatten eine wundervolle Zeit - und nach Hause zu kommen, das ist ja auch immer wieder schön. Und unser Kater freut sich sicher schon, wenn er die Tage richtig gezählt hat. Seine Wartezeit ist jetzt bald um.

Am Abend spielt in der Bar wieder einmal ein Gitarrenspieler mit interessanten Liedern, während draußen die Wellen an uns vorbei gleiten. Die Nacht schwankt nicht – eine ruhige Überfahrt führt uns in Richtung Holland.

Und da legen wir am nächsten Morgen gegen 10 Uhr wieder in Ijmuiden an.

Es dauert immer etwas, bis vom Schiff alles entladen ist, aber dann geht es zügig nach Hause. Gegen 14.30 Uhr stehen wir vor unserer Garage. Und entgegen kommt uns schon unser Kater, um die Beine schmusend und „Miau" rufend.

Und zufrieden ist auch wieder unsere Nachbarin Moni, dass wir heil zurück sind, der Kater gesund ist und alle Pflege-Blumen noch leben – Danke !

E N D E

Moment – ich möchte auch noch etwas sagen:

„**Sie haben gehört, dass ich McGregor bin**.
Ich hoffe, dass Ihnen dieser Reisebericht
so gut gefallen hat, wie mir die ganze Reise!"

I N F O S zum Autor

(Berichte z.B. vom Verlag und der Presse)

1992 folgte der **Wiedereinstieg** in die Geschichten-Schreiberei.

Meine Frau Helga und ich waren mit einem Wohnmobil in Norwegen. An Bord waren auch unsere Schweizer Freunde Karl und Beatrice.

Am Abend entstand die Sitte, dass ich „im Land der Elche" vor dem Einschlafen auch immer eine Gute-Nacht-Geschichte erzählen sollte,   in denen immer auch ein Elch vorkommen musste.

Unsere Schweizer Freunde hatten schon vorher viel Freude daran,   weil ich ihnen manchmal Sprüche im O -Ton von unserem damaligen Bundeskanzler Helmut vortrug, um ein Beispiel zu nennen.   Es klappte auch sehr gut mit den Gute-Nacht-Geschichten.

Die Stimmung war so toll, dass Helga und ich uns spontan verlobten - im Geiranger-Fjord bei den Wasserfällen „7 Schwestern".

Nach dem Urlaub verlegte ich mich darauf, meine neuen Einfälle mal aufzuschreiben und sie unseren Freunden zu schicken.

Das kam sehr gut an. Es gibt zum Beispiel die Geschichte „Warum der kleine Elch nicht mehr Ski fahren konnte."

Die Geschichten waren wohl gut, denn bis heute haben unsere Schweizer uns die Freundschaft nicht gekündigt. Karl ist sogar mein Trauzeuge geworden.

Die Leser meiner Elch-Geschichten wurden immer mehr, aber alles spielte sich im ganz kleinen privaten Rahmen ab. Es war ein Spaß!

Dann spielte einmal eine Elch-Geschichte bei den Birkebeinern in Norwegen, wo die ersten Elche Ski fahren lernten, versehentlich auf einen Hügel wie eine Schanze gerieten und so den ersten Elch-Ski-Sprung auf einer Schanze vollführten.

Diese Geschichte schickte ich direkt an König Harald von Norwegen ins Königliche Schloss in Oslo. König Harald ist bekannt als volksnaher König, dem Fantasie und Humor nicht fremd sind.

Ich hätte darum gewettet - eine Antwort kommt!

Und tatsächlich kam auf dem Briefpapier des Königlichen Schlosses Oslo ein Brief des 1. Sekretärs des Königs mit einem herzlichen Dank des Königs für diese Geschichte.

Wolfgang Pein gehört schon längst zu den Autoren, die eine sehr große Bandbreite zu den verschiedensten Bereichen aufweisen. Seine bisher erschienenen Kriminal-Romane handeln von gebrochenen Versprechen bis zum Messer, dass als Tatwaffe eine Hauptrolle spielt.

Der Autor legt Wert darauf, dass diese Romane nicht aus seiner mehr als 40-jährigen Justizzeit kommen, sondern aus seinen eigenen Ideen.

Seine **Tiergeschichten** gehören meistens dem Tierschutz und dem Zusammenleben von Mensch und Tier.

Seine **Kinder- und Tierbücher** treten nach und nach zum Vortrag in Kitas und weiteren Einrichtungen an.

Die 3 besonderen **Reisebücher über Irland und Schottland** handeln von selbst erlebten Begegnungen mit Land und Leuten und sind sehr privat gehalten, mit schönen Erlebnissen vor Ort.

Die Erkenntnisse begeisterten auch im Zusammenhang mit einem Lichtbilder-Vortrag über Schottland das zahlreiche Publikum.

Auch wurde der Autor Teil eines Buchprojektes („Der letzte Satz"), das für das **Kinderhospiz „Löwenherz"** ins Leben gerufen wurde.

Es gibt auch ein fertiges **Projekt**, in dem der Autor **mit Neuautoren**, die noch keine eigene Geschichte herausgebracht haben, ein gemeinsames Buch mit Kurzgeschichten aufgelegt hat. Einige davon sind noch Schüler.

Sein 21. veröffentlichtes Buch „ **Liebe in Zeiten des Todesstreifens**" spielt in den 70-er Jahren und **handelt von einem Paar mit einer wahren dokumentierten Geschichte**, das die Familienzusammenführung von Ost und West erreichen will und den auftauchenden Schwierigkeiten. Dabei spielt auch eine Stasi-Akte eine große Rolle.

Dieses Buch hat bereits der Beauftragen für Kultur und Medien in Bonn vorgelegen (ebenso Bürgermeister Streffing im Hinblick auf eine kommende politische Woche **zum Jahrestag des 30-jährigen Mauerfalls**) und großes Interesse hinsichtlich der Aufarbeitung von geschichtlichen Ereignissen erzeugt.

Es kam der Hinweis, für das **Koordinierende Zeitzeugenbüro in Berlin** tätig zu werden und einen Beitrag zur politischen Bildung für junge Menschen (auch junge Lehrer) zu leisten.

Sein Buch „Am Ende siegt (vielleicht) der Mensch" **handelt von der „K I – der Künstlichen Intelligenz"**, vielmehr davon, was trotz aller Fortschritte für die Menschheit „auch" passieren kann. Es ist ein Zukunft-Thriller, der in der Schweiz 2021 spielt, in dessen Mittelpunkt ein Wissenschaftler steht, der einstmals im CERN verantwortlich war, sowie ein Computer-KI-Programm, das eigene Wege geht.

Ein von ihm selbst ins Englische übersetzte und in Schottland spielende Buch wurde von **Prince William und Princess Kate** mit entsprechender sehr positiver Antwort **aus dem Kensington Palace** sehr gerne mit Dank behalten.

Von der Sekretärin der Queen, der ebenfalls das Buch nach Balmoral Castle in ihren Sommersitz geschickt wurde, kam zwar sehr freundlicher Dank, aber das Buch zurück.

Es gibt dort eben die Vereinbarung im Buckingham Palace gibt, Geschenke nur bei Staatsempfängen zu behalten.

Aber die rot-farbig gestalteten **Antwort/Briefumschläge aus dem Buckingham Palast** waren es allein wert. Und der Postbote meint dann immer: „Mann – was bekommst Du immer für eine recht ungewöhnliche Post!"

Und ein weiterer Höhepunkt ist wohl unumstritten eine **Einladung ins Schloss Bellevue nach Berlin** mit der offiziellen Einladungskarte des Bundespräsidialamtes mit goldenem Bundesadler und dem Text: „**Der Bundespräsident bittet** Herrn Wolfgang Pein im Rahmen der Reihe .... Ja - richtig gehört, denn der Bundespräsident persönlich gestaltet dort ein Gespräch in der Reihe „Geteilte Geschichten", die zum 30-jährigen Mauerfall aktuell sind und an der ungefähr 50 Personen am 25. Oktober 2019 dort im Schloss in Anwesenheit des Bundespräsidenten teilnehmen dürfen. Nach dem Podiumsgespräch mit zwei bekannten Autorinnen und anschließender Diskussion mit den Teilnehmern bittet der Bundespräsident noch zum Empfang.

Das Bundespräsidialamt hat bei der Ankündigung der bald eintreffenden Einladung versichert, dass Walter Steinmeier sein Buch „Liebe in Zeiten des Todesstreifens" ganz sicher in Händen und begutachtet hat, wohl positiv, so dass es zu dieser fantastischen Einladung kam.

(Alle **Original-Schreiben** liegen selbstverständlich zum Beweis vor.)

Der 2. Roman über die Künstliche Intelligenz folgte mit „Am Anfang war es nur diese eine unbedachte Sekunde". Dieser Roman ist in sich extern abgeschlossen. Für den Leser/die Leserin des ersten **K I** ist er als Fortsetzung zu verstehen.

Eigentlich nicht beabsichtigt, aber nun erschienen, ist jetzt auch sein **3. Roman mit K I.**

Und auf Wunsch seiner Fans ist jetzt auch eine **Trilogie** der 3 Romane **über die Künstliche Intelligenz** erschienen. — **452 Seiten** –

s i e he dazu die Seiten 91 und 93 !

Wolfgang Pein   ...bisher
wurden **veröffentlicht:**

The adventures of two sheep friends
(in Englisch - ISBN   83732233328)

Schafe mähen nicht nur Gras
(Roman - ISBN   9783738606584)

Schafe brauchen auch mal Urlaub
(Roman - ISBN 9783739241074)

vier letzte Tage im Februar
(Kriminal-Roman - ISBN 9783743195417)

**Schaf-Geschichten aus dem schönen
Vinschgau (Italien)**   (farbig – ISBN
9783837079241)

Sheep Fight For Freedom
(in Englisch - ISBN   9783741279713)

**Eine falsche Badehose im Haifisch-Becken
kann tödlich sein**   (Kriminalroman 260 Seiten –
ISBN 9783744835091)

**Irland und ein etwas anderes Irisches
Tagebuch**   (ein farbiger Reisebericht -
ISBN 9783744837996)

ein tödlicher Workshop
Kriminalroman - ISBN 9783746037028

Ruhe sanft oder wie ich im Keller endete   (
ISBN 9783744895286)
Eine **Akte** erzählt aus ihrem Leben.

Schottland und ein etwas anderes
Schottisches Tagebuch
Reisebericht - ISBN   9783746012582

Sorry, leider kann ich nicht vergessen!
(ein Kriminalroman- ISBN 9783752835533)

Liebe in Zeiten des Todesstreifens
(ein Tatsachen-Roman/Bericht
ISBN 9783738610352)

Ferien beim Froschkönig
(Kinder-Buch- ISBN 9783746093185)

Manchmal sind Pläne für die Katz
(ein Justiz-Thriller -   ISBN 9783752886313)

Von Ameisen in Gefahr und einem
sprechenden Brunnen
(ein Kinder - Buch – ISBN 9783746093185)

Drei Könige im Abendland oder wie es dazu
kam, dass sie im Jahr 2012 immer noch die
Krippe suchten
(Winter-Geschichten– 783748128939)

**Wenn aus Feinden Freunde werden können
oder Lehrstunden aus dem Reich der Tiere**
(ISBN 9783748157410)

welcome in Irland
(ein **weiteres** Irisches Tagebuch **mit
36 Farbseiten** - ISBN 9783739244693)

**Ein Experiment mit Autoren, die ihre ersten
Geschichten vorstellen**
(Tiergeschichten – ISBN 9783748158417)

Am Ende siegt (vielleicht)   der Mensch
(ein Computer-Thriller über Künstliche Intelligenz
–   ISBN 9783750452916)

Am Anfang war es nur diese eine unbedachte Sekunde
(auch **K I** - ISBN 9783751967358)

Wenn des Grabes Stimme spricht
(der 3. **KI**-Roman, ISBN 9783751918404)

Wenn Tiere Hilfe brauchen – gut, dass es dann Freunde gibt
(ein Kinder-Buch mit vielen einzelnen
Tiergeschichten,   ISBN 9783752668032)

Was Kinder sich damals zu Weihnachten wünschten, 1942 erdacht, geschrieben und auch bebildert von einem 12-jährigen Mädchen

(eine Weihnachts-Geschichte und Kinder-Träume in schwierigen Zeiten – ISBN 9783752691481)

Purzelmann`s Abenteuer

(…die abenteuerliche Geschichte eines kleinen Hasen - ISBN 9783753421452)

Künstliche Intelligenz – Kontrollverlust nicht auszuschließen

(**452 Seiten** = die zusammen gefasste **Gesamt-Ausgabe aller** 3 KI-Romane ISBN 9783753497723)

Warum erzählt die Maus dem Kater wohl Geschichten?

(ein Kinder-Buch über eine sehr seltene Freundschaft - ISBN 9783754313251)

Notwehr oder Schicksal - eine Frage der Ansicht

(5 Kriminal-Geschichten mit sehr merkwürdigen Todesfällen - ISBN 9783754340400)